Dot-to-Dot

점 250개로 그림 완성

점잇기

세계의 랜드마크 편

차례

1. 하기아 소피아 대성당 — 9p
2. 타지마할 — 11p
3. 콜로세움 — 13p
4. 자유의 여신상 — 15p
5. 피사의 사탑 — 17p
6. 에투알 개선문 — 19p
7. 모아이 석상 — 21p
8. 구세주 그리스도상 — 23p
9. 톱카프 궁전 — 25p
10. 바위의 돔 — 27p
11. 부르즈 칼리파 — 29p
12. 알카사르 성 — 31p
13. 스톤헨지 — 33p
14. 노트르담 대성당 — 35p
15. 엘 카스티요 — 37p
16. 큰 바위 얼굴 — 39p
17. 부르즈 알 아랍 — 41p
18. 멀라이언 상 — 43p
19. 할리우드 사인 — 45p
20. 나스카 지상화 — 47p
21. 파르테논 신전 — 49p
22. 브란덴부르크 문 — 51p
23. 타워 브리지 — 53p
24. 판테온 — 55p
25. 스핑크스 — 57p
26. 아부심벨 신전 — 59p
27. 석굴암 — 61p
28. 충무공 이순신 동상 — 63p
29. 자금성 — 65p
30. 알카즈네 — 67p
31. 피렌체 대성당 — 69p
32. 오사카성 — 71p
33. 슈웨다곤 파고다 — 73p

정답 — 75p

이 책을 알차게 즐기는 방법!

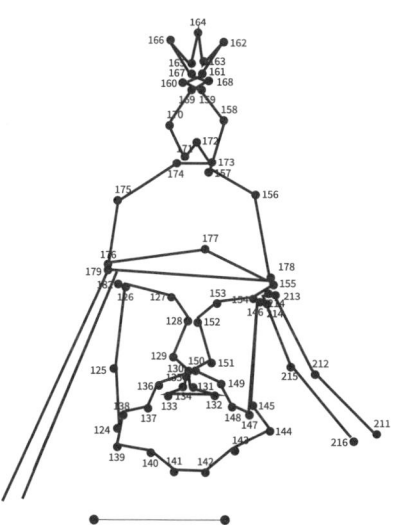

1. 번호대로 연결을 하면 그림이 완성돼요

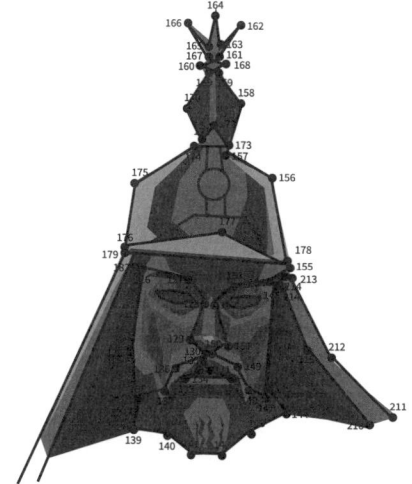

2. 자신만의 방법으로 그림을 색칠해요

3. 점선을 따라 잘라서 원하는 곳에 장식해요

4. 누가누가 더 빨리 그림을 다 연결할까요?

랜드마크 그리기

하기아 소피아 대성당

타지마할

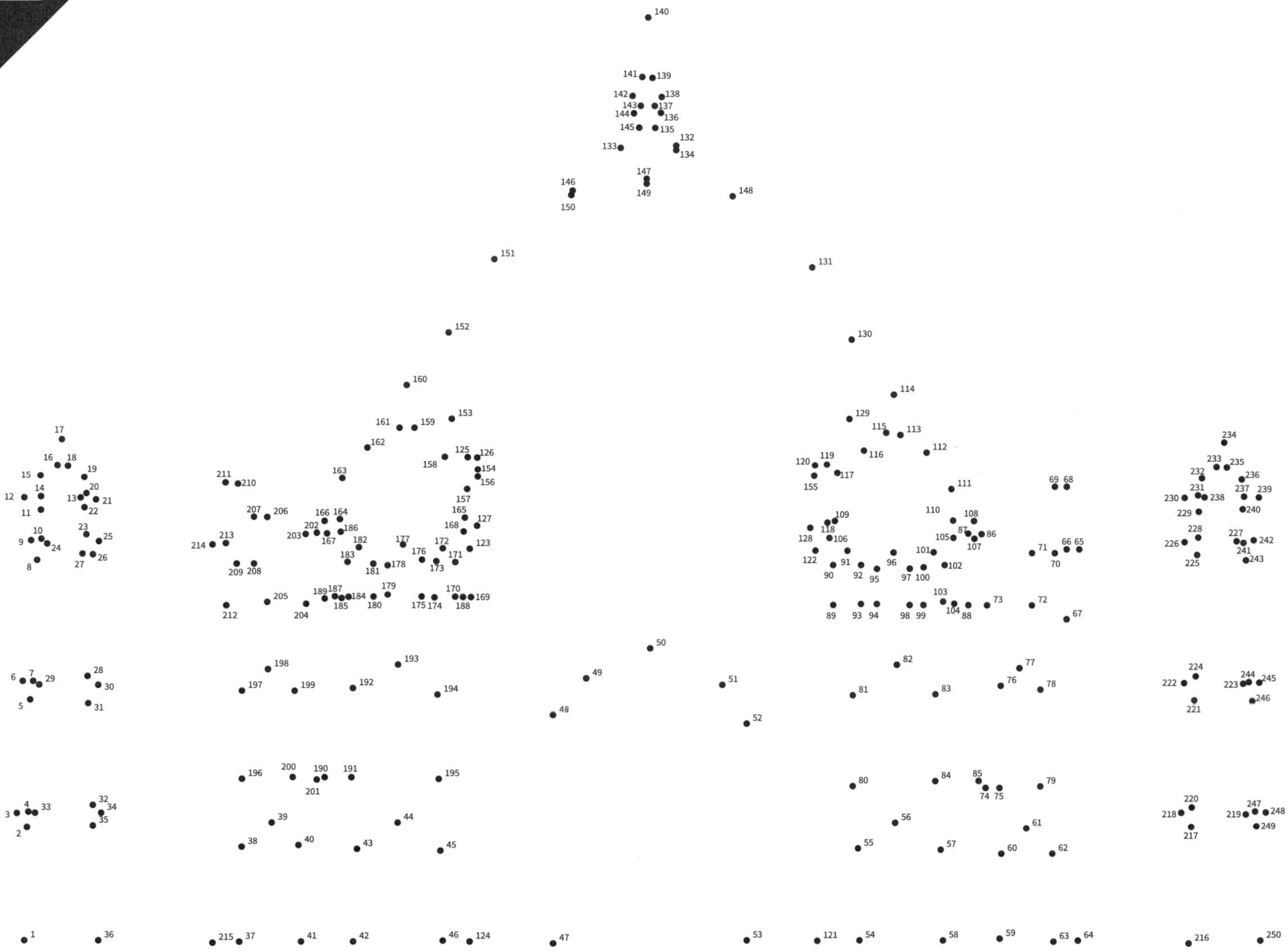

콜로세움

자유의 여신상

피사의 사탑

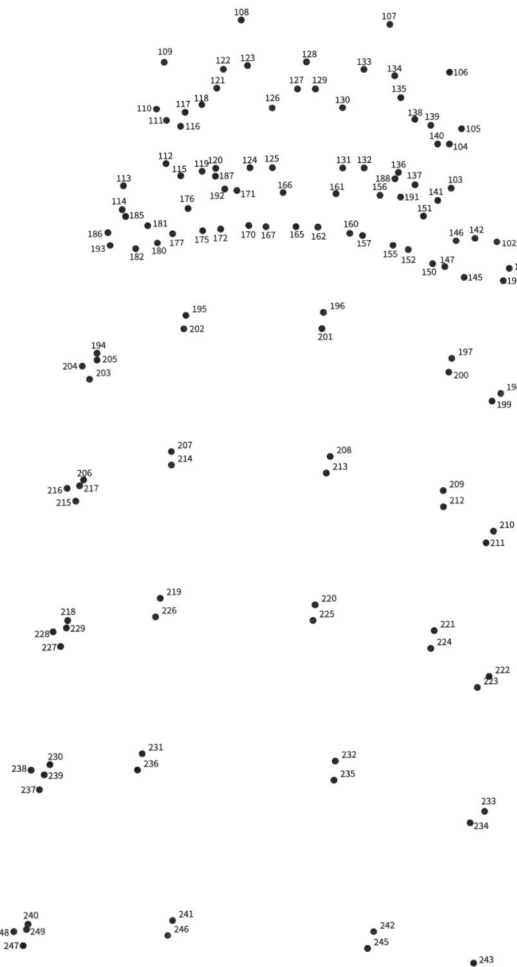

에투알 개선문

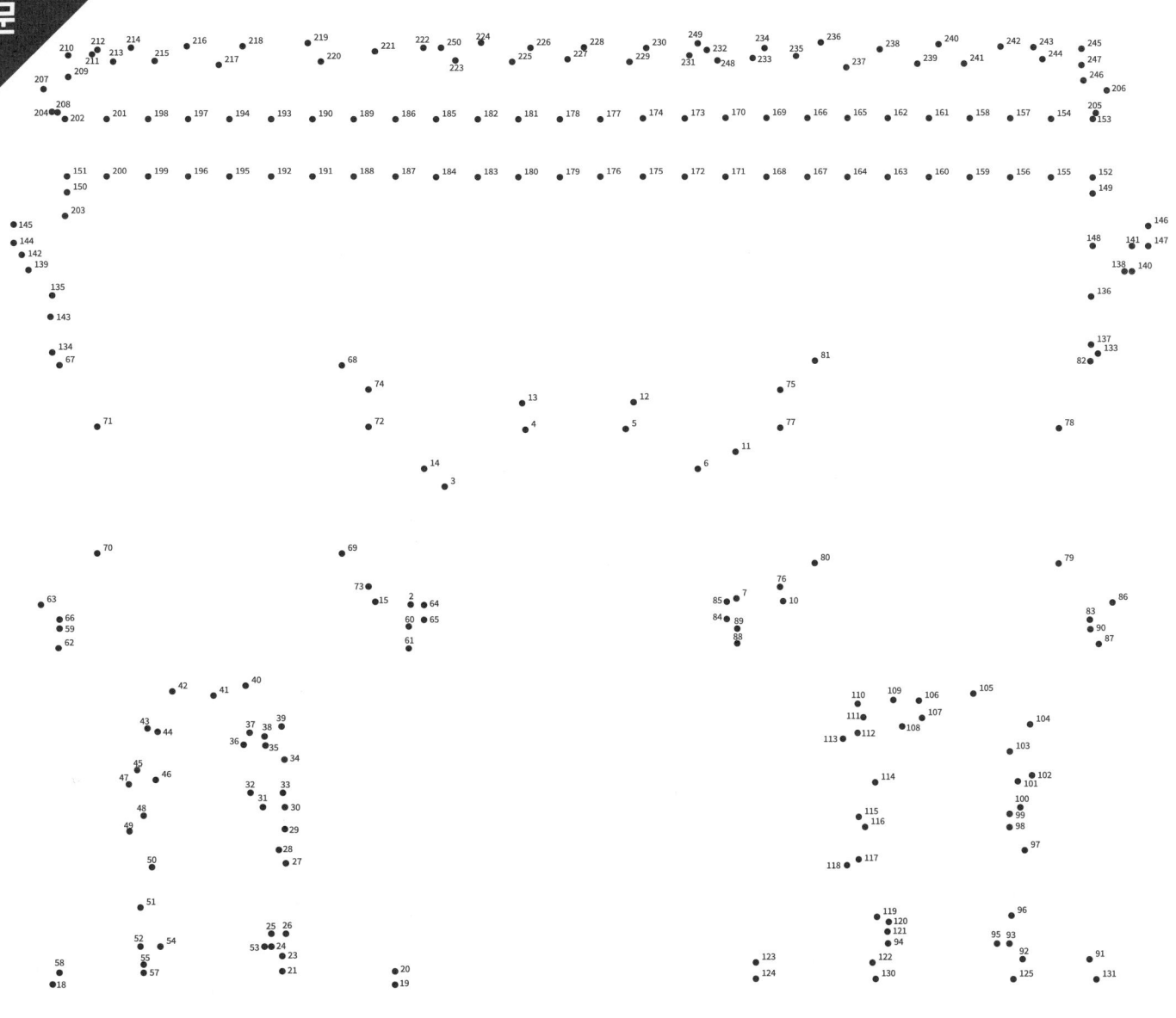

모아이 석상

구세주 그리스도 상

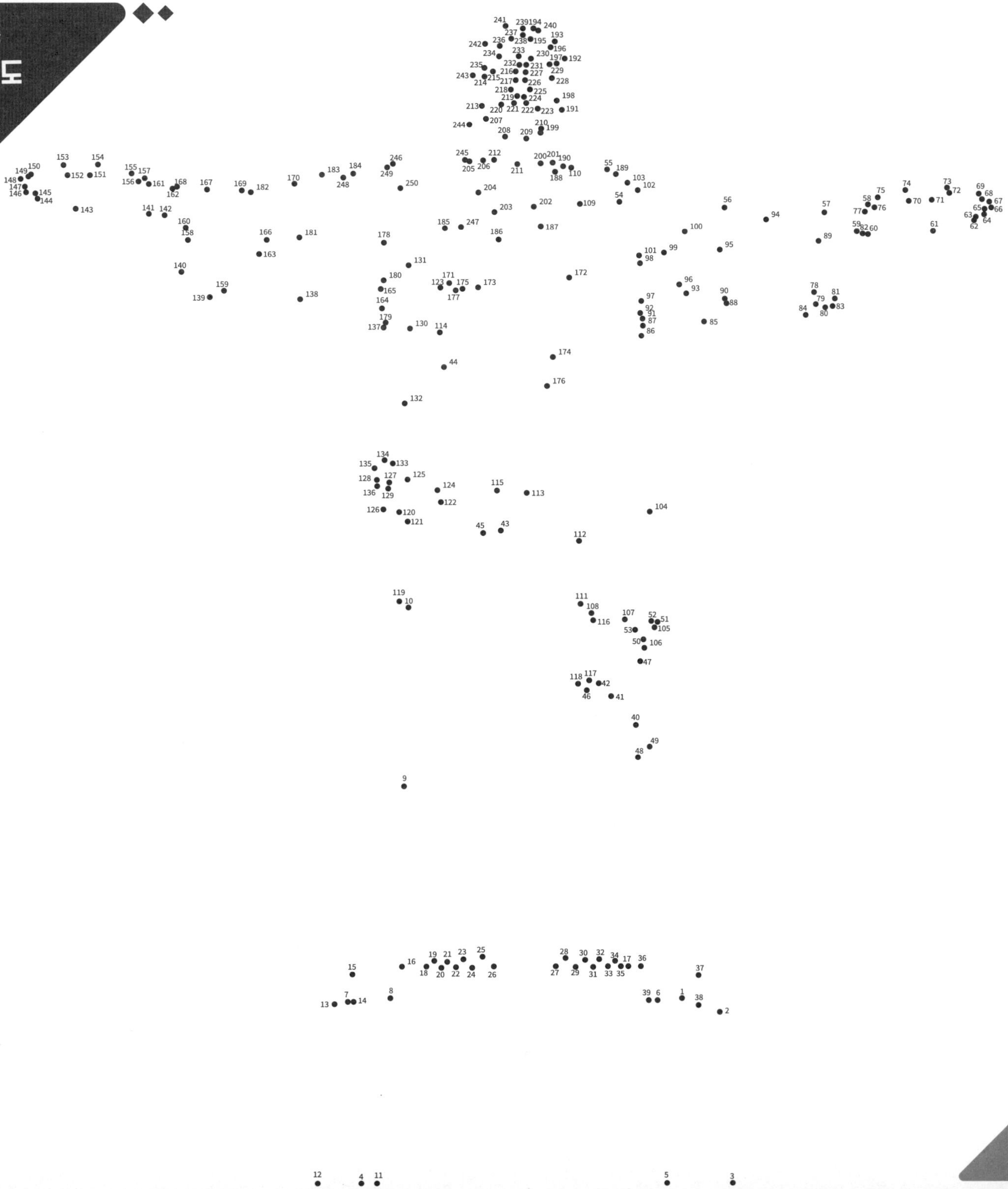

톱카프 궁전

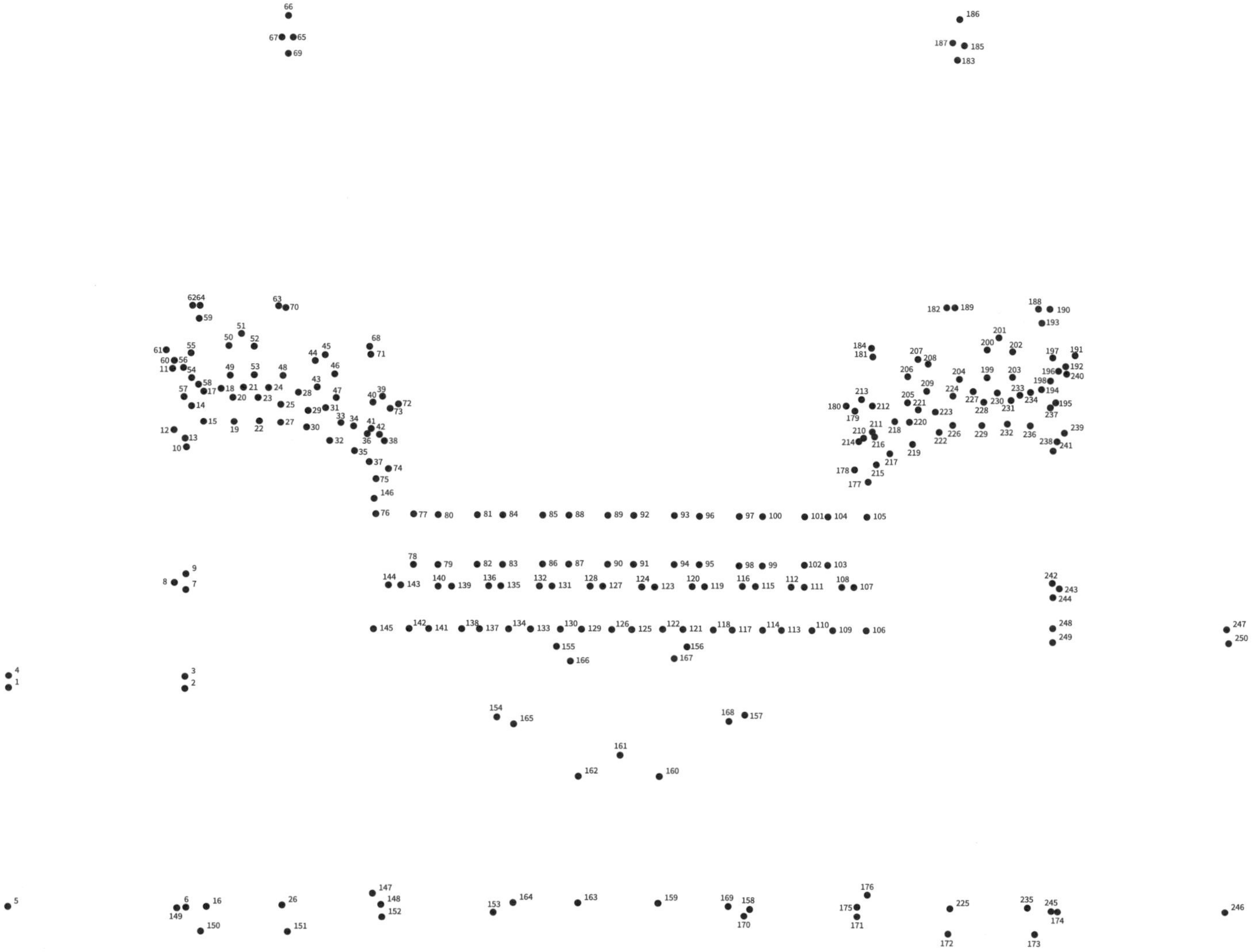

바위의 돔

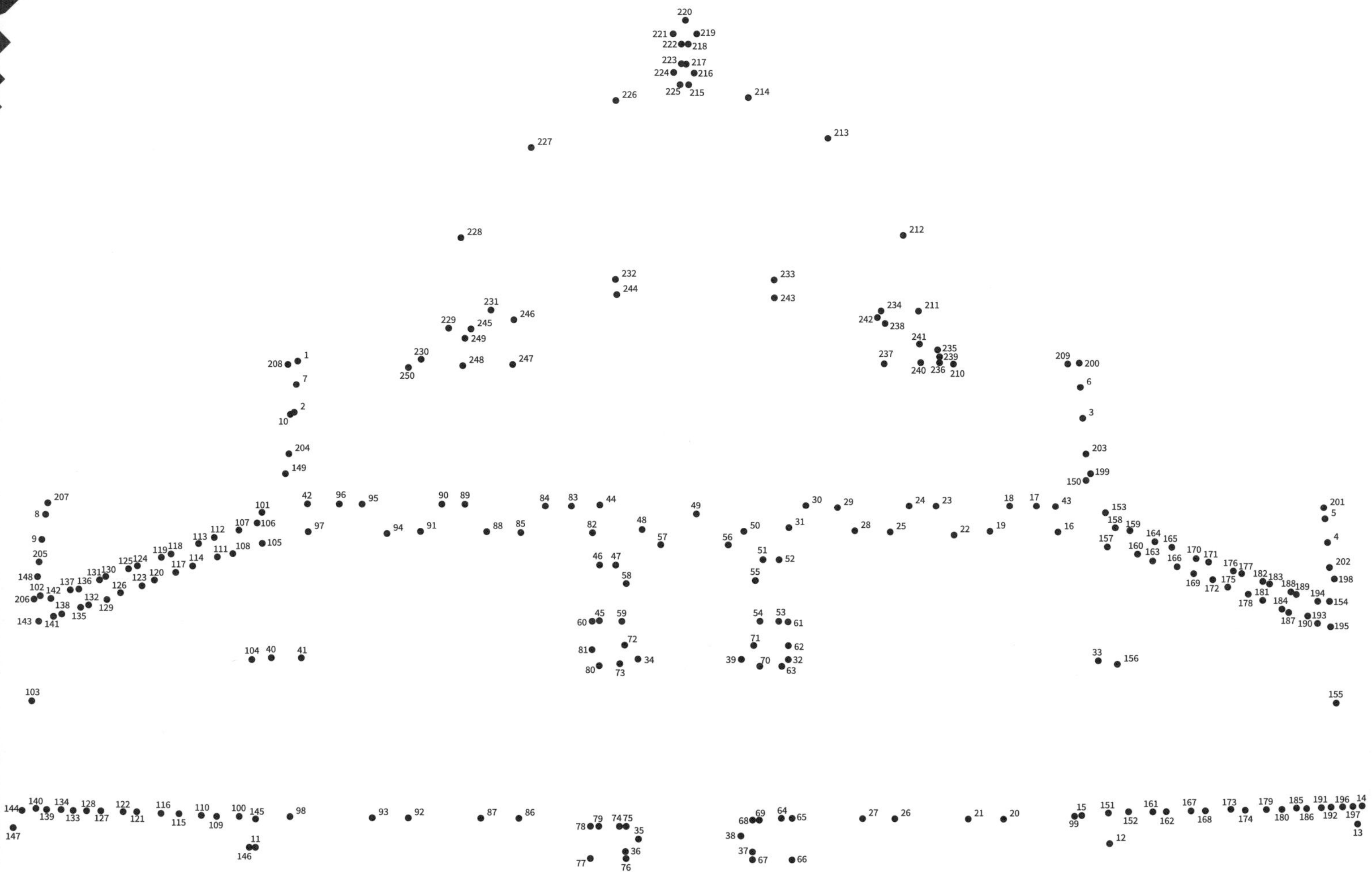

부르즈 칼리파

알카사르
성

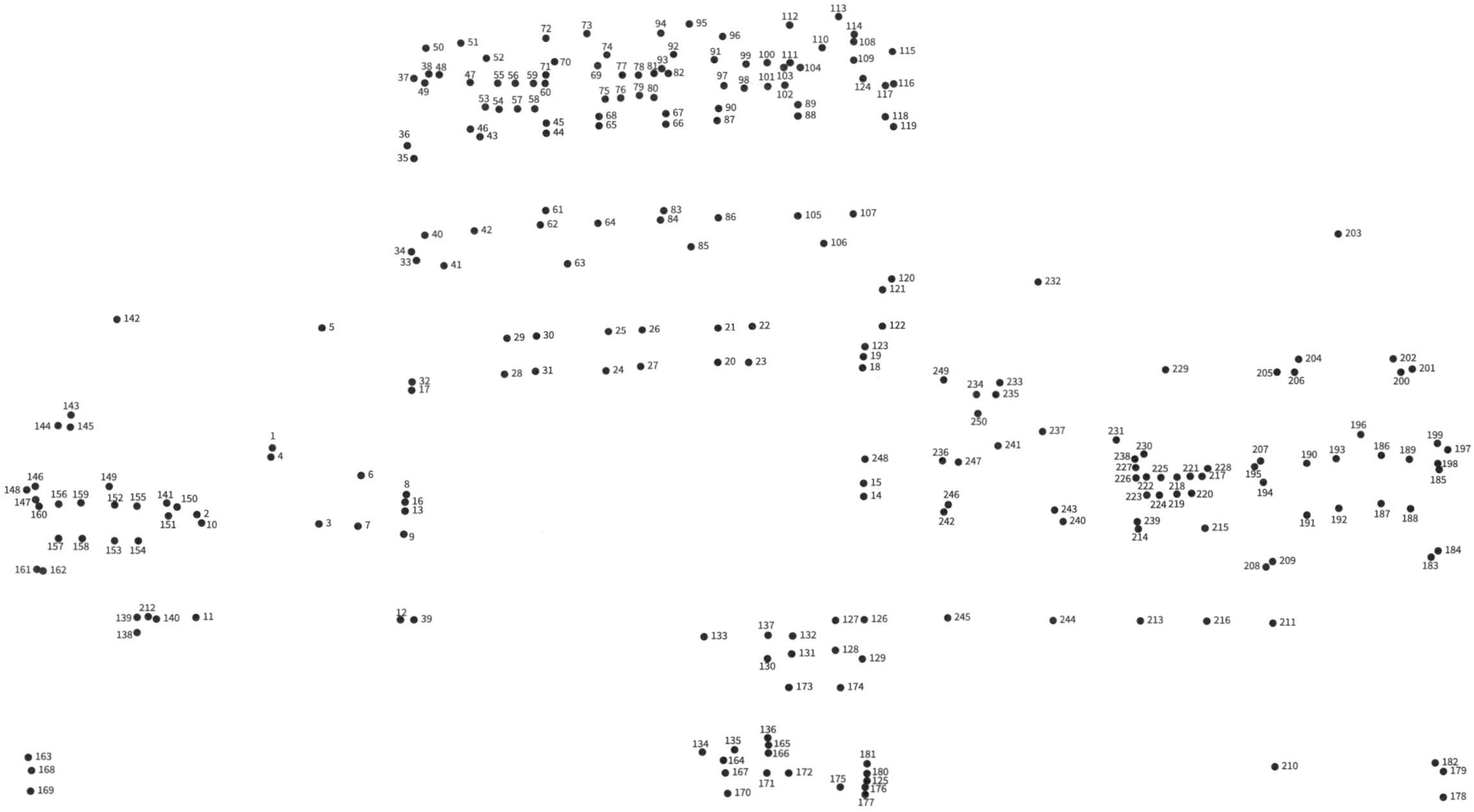

스톤헨지

노트르담 대성당

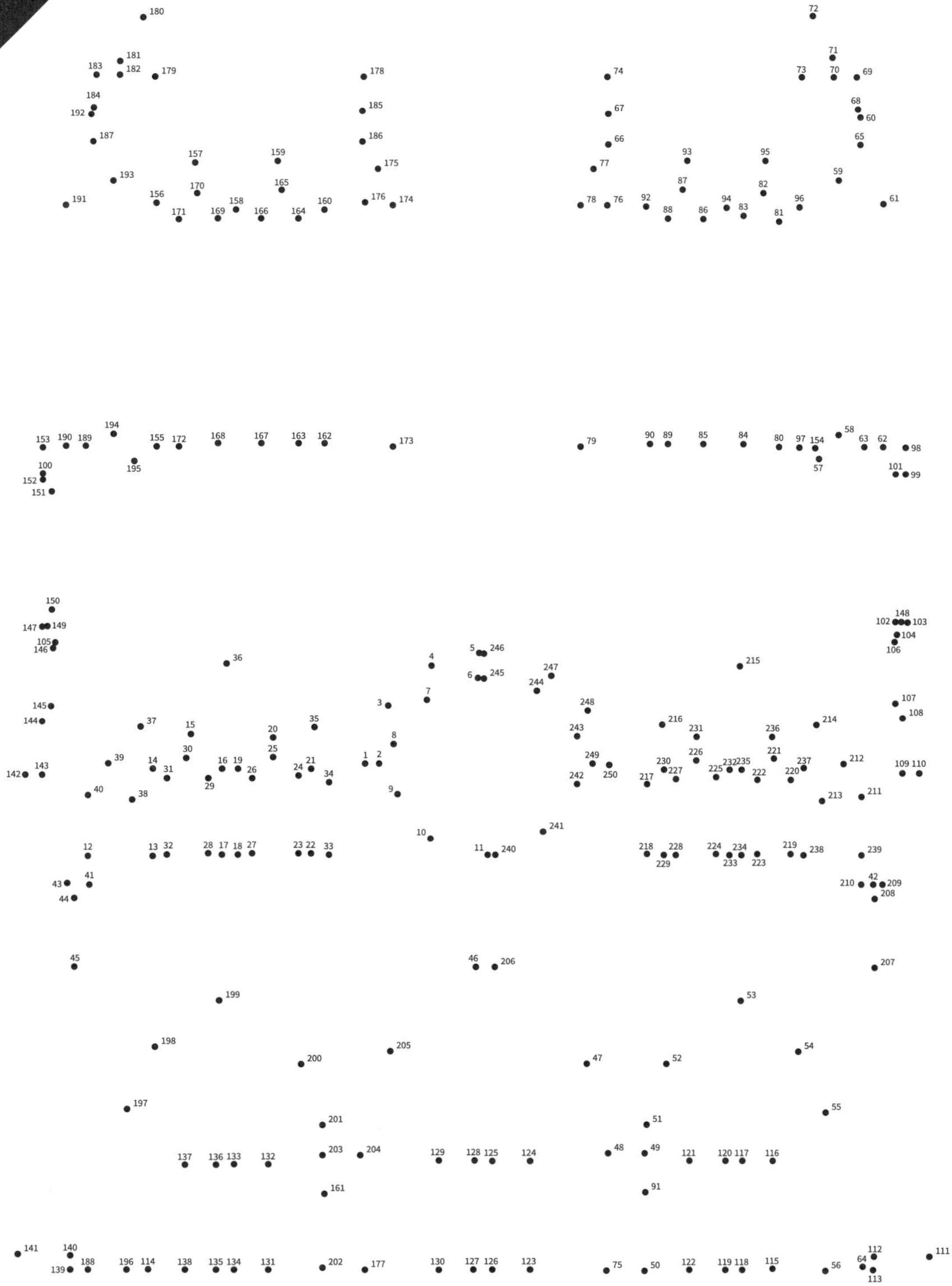

엘 카스티요

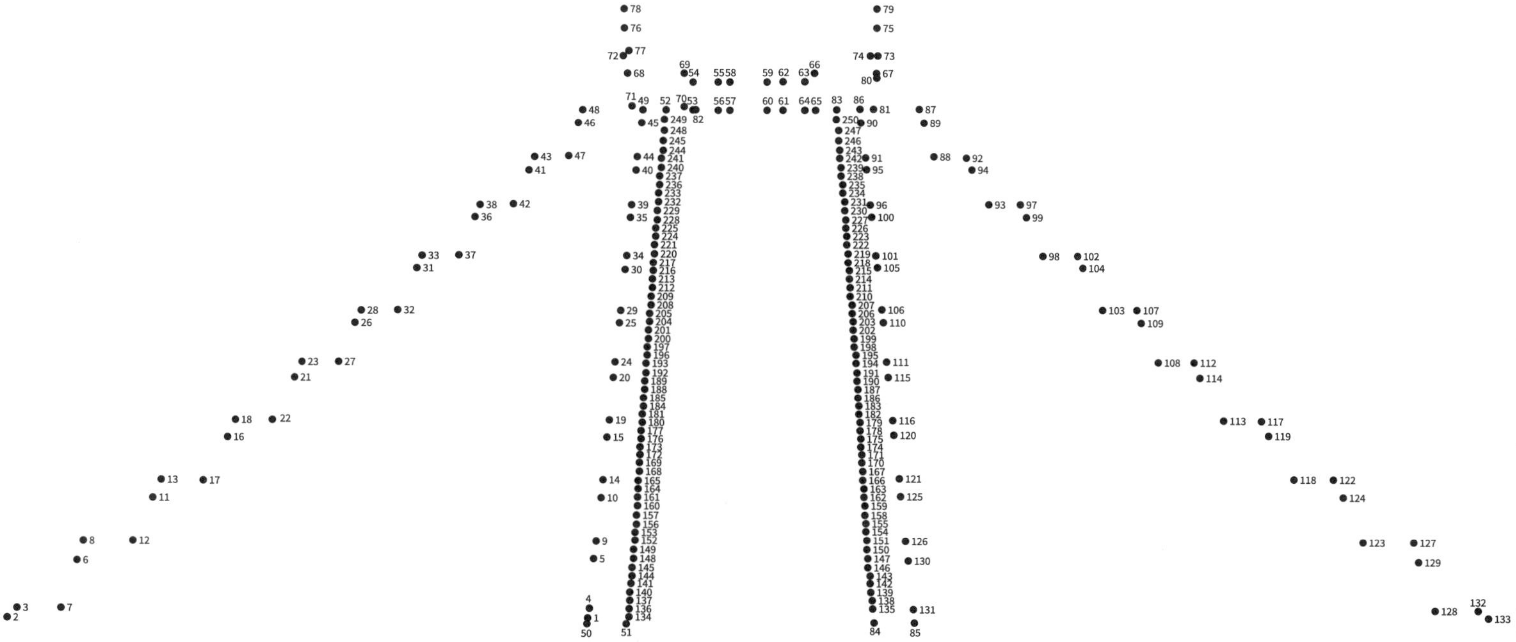

큰 바위 얼굴

부르즈 알 아랍

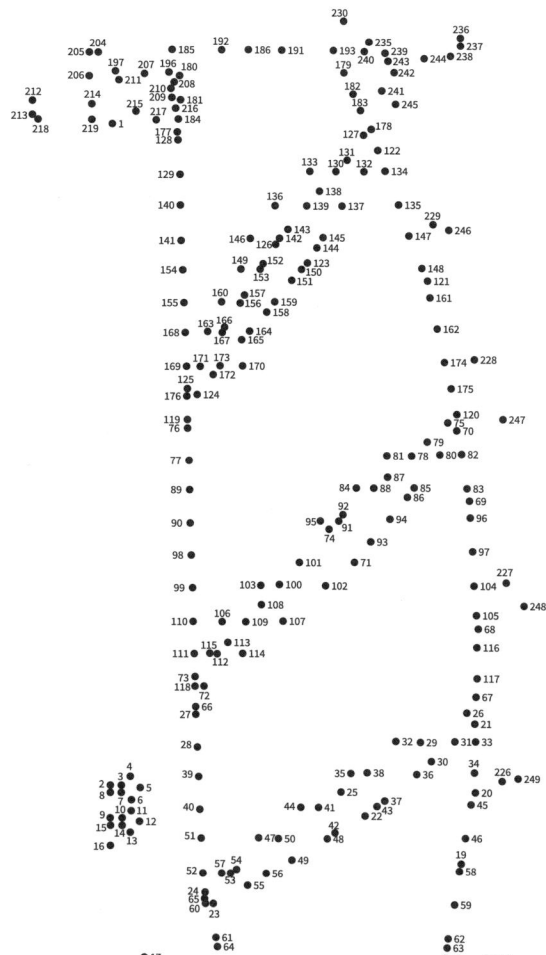

멀라이언 상

할리우드 사인

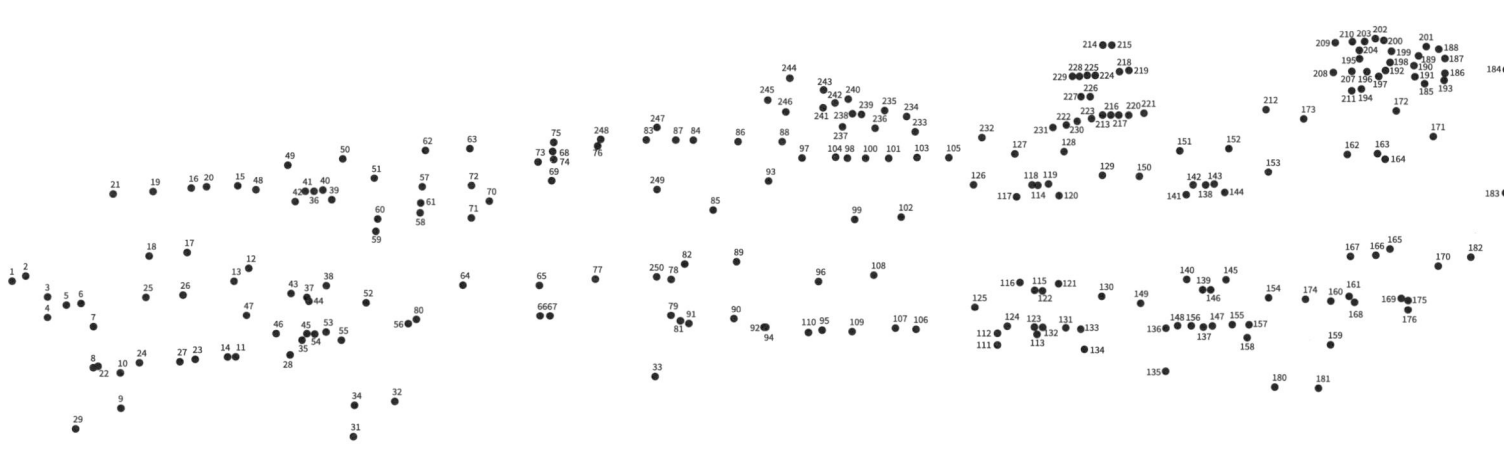

나스카 지상화

파르테논 신전

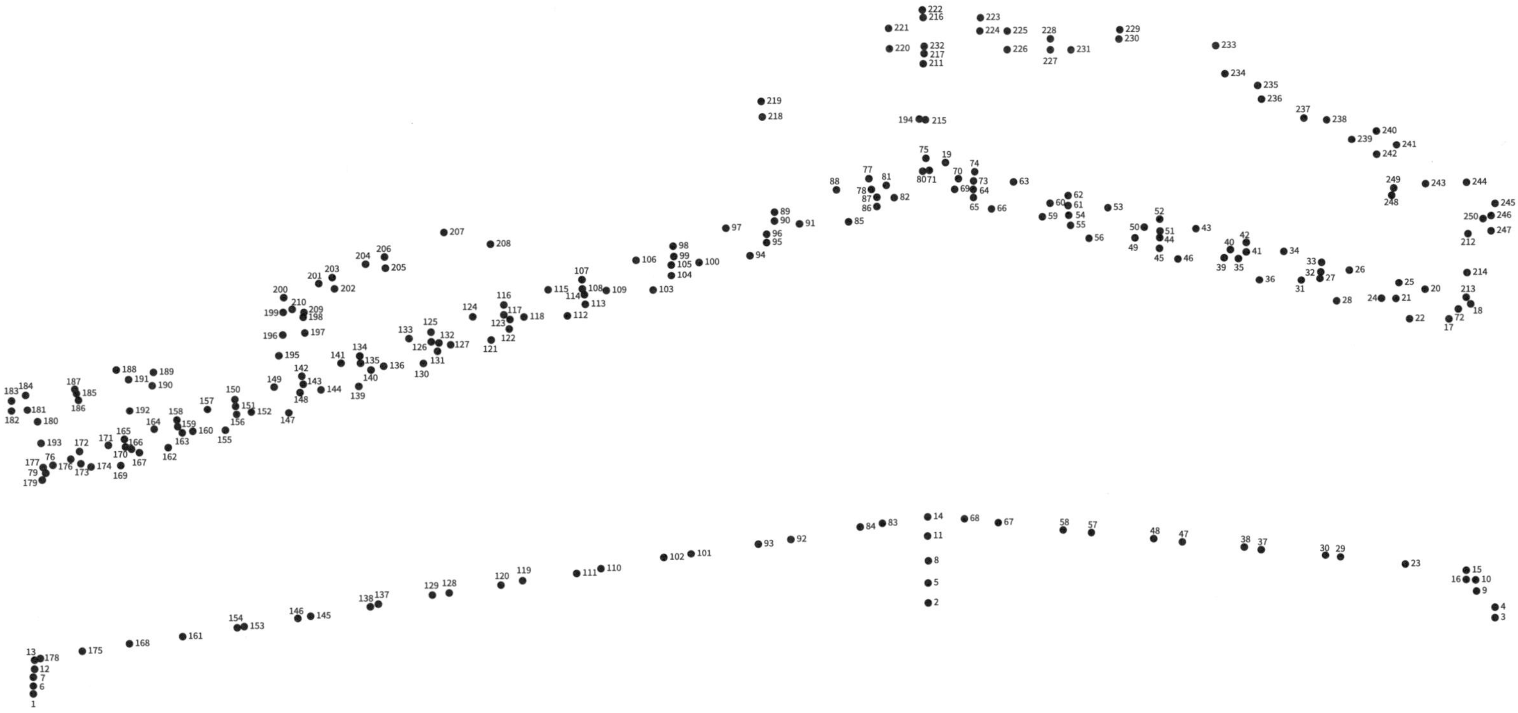

브란덴
부르크
문

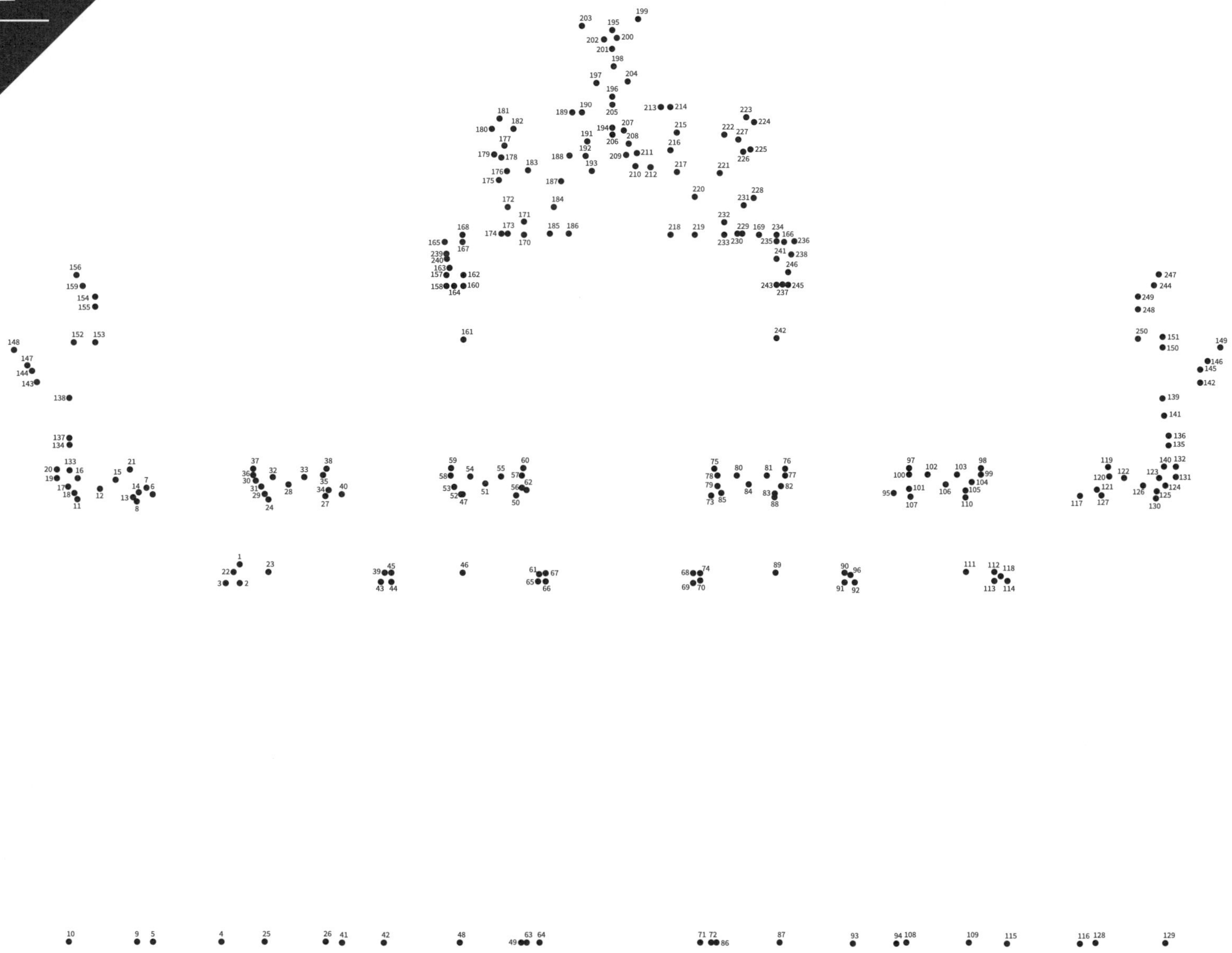

타워 브리지

판테온

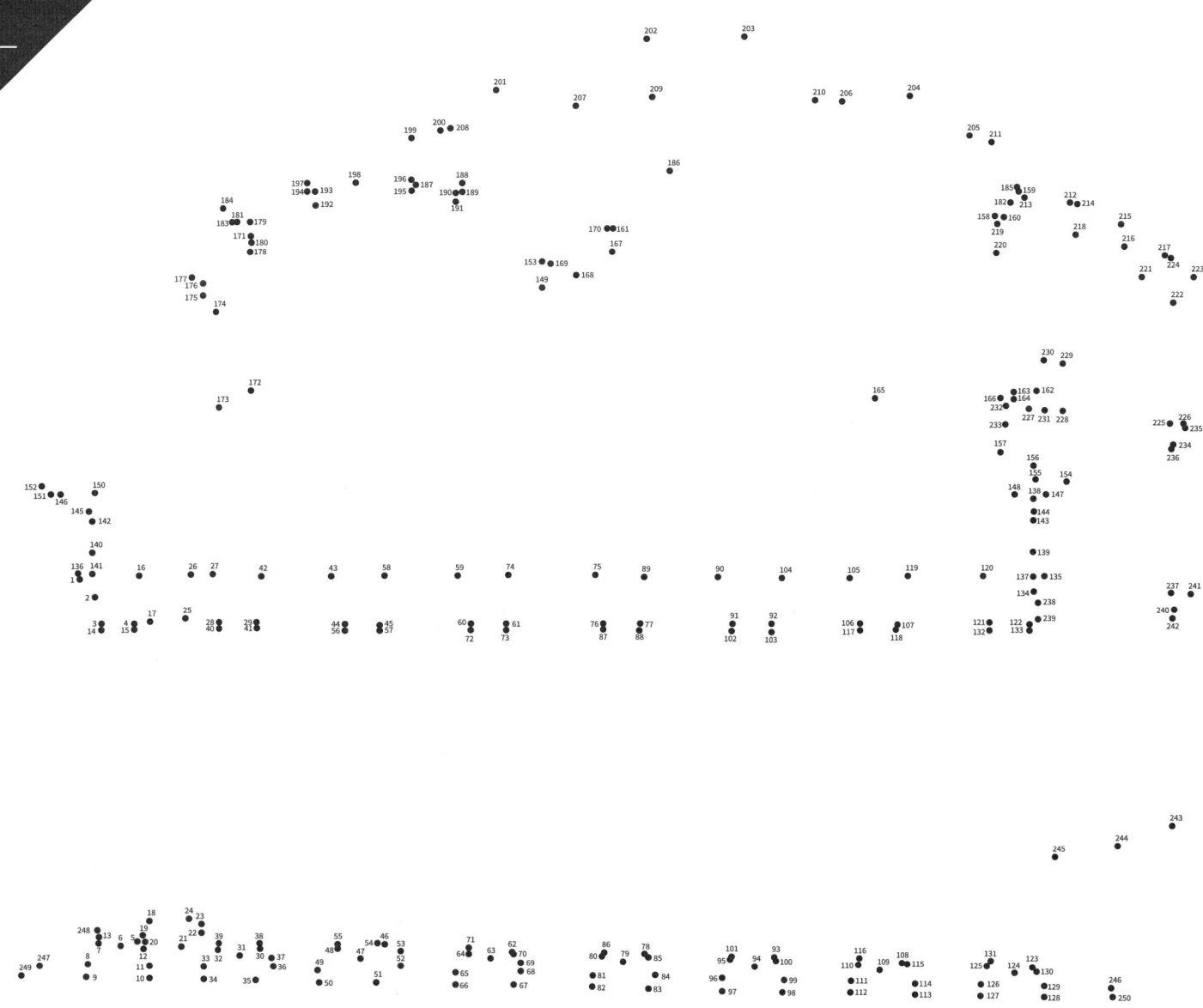

스핑크스

아부심벨 신전

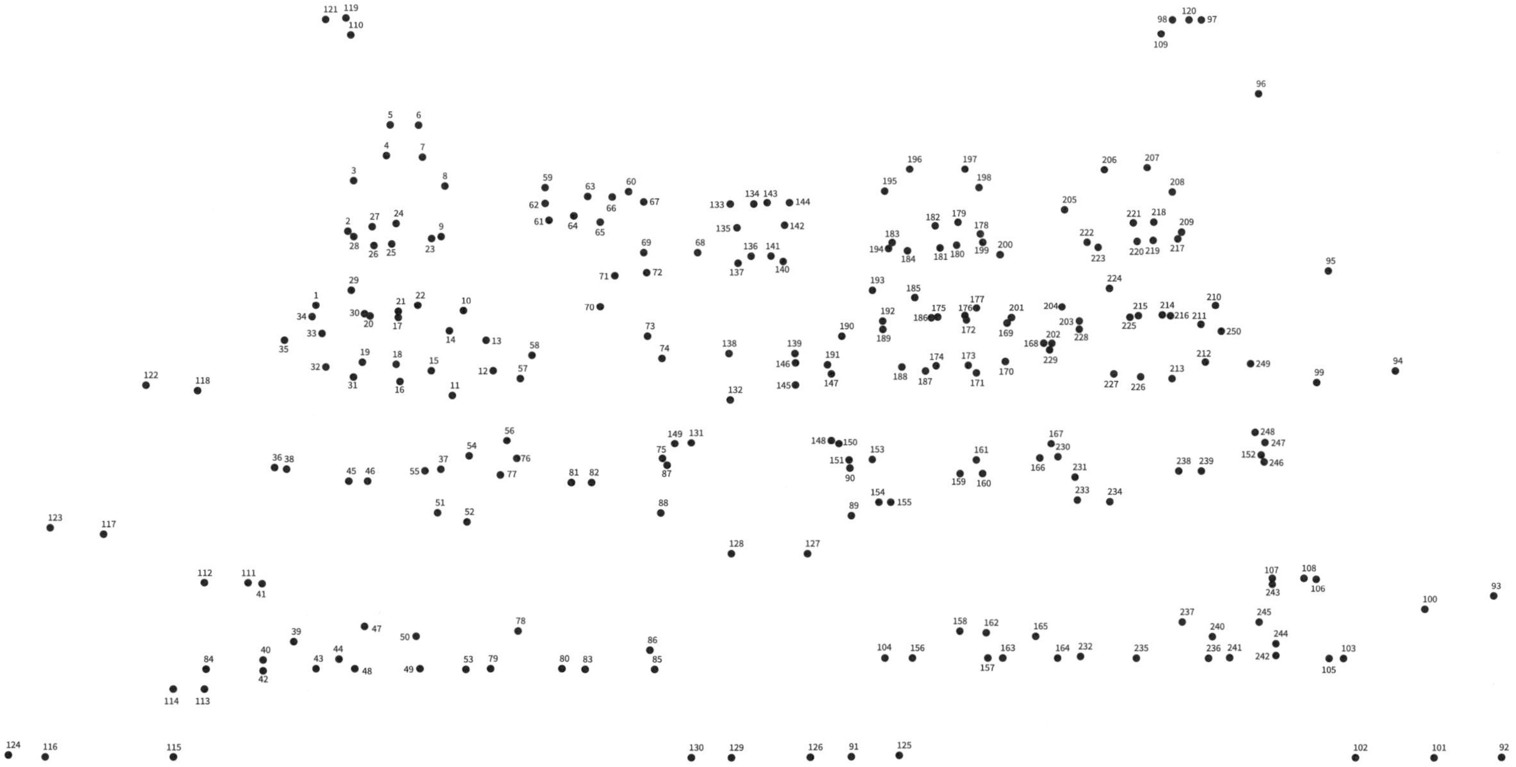

석굴암

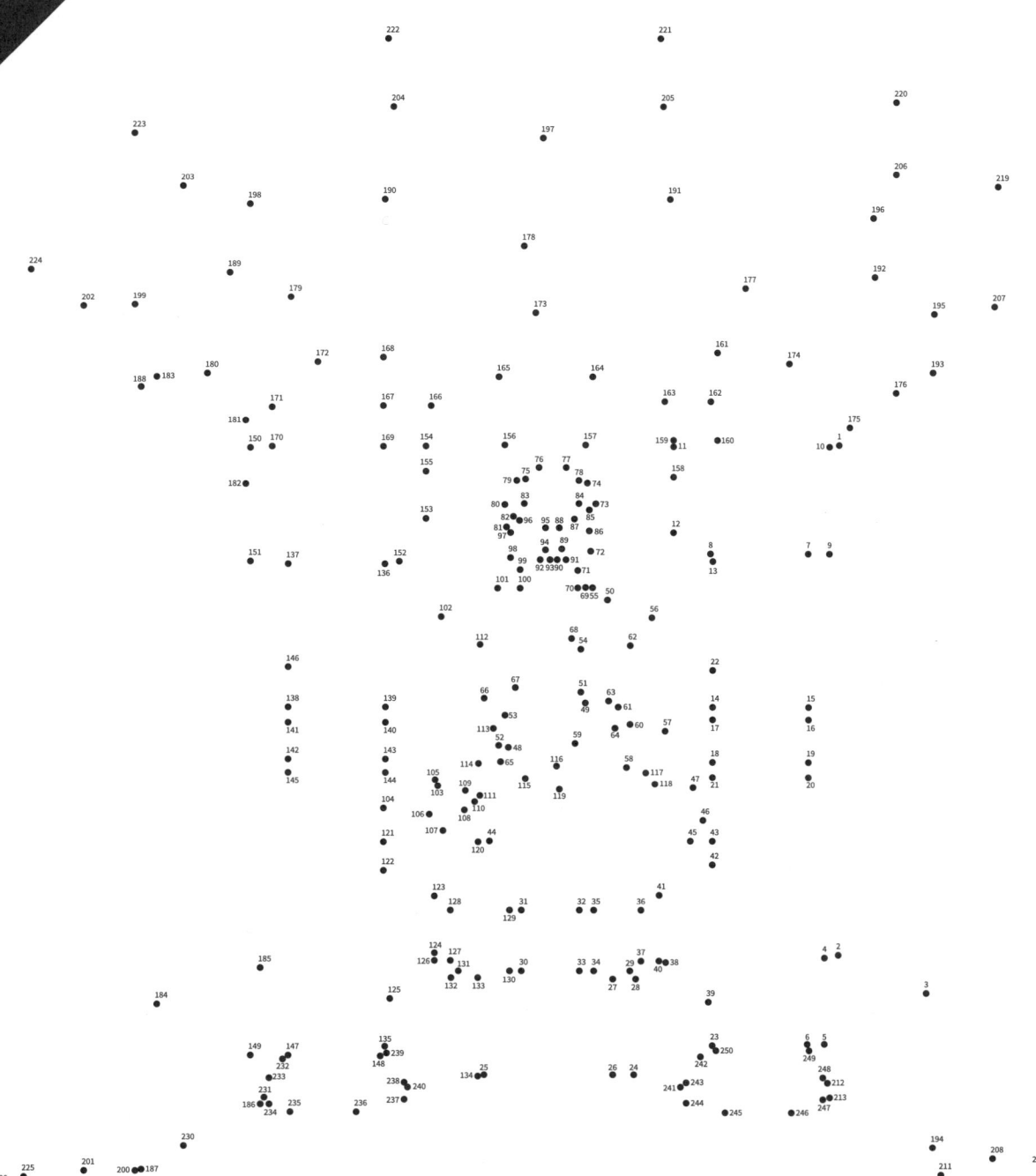

충무공
이순신
동상

자금성

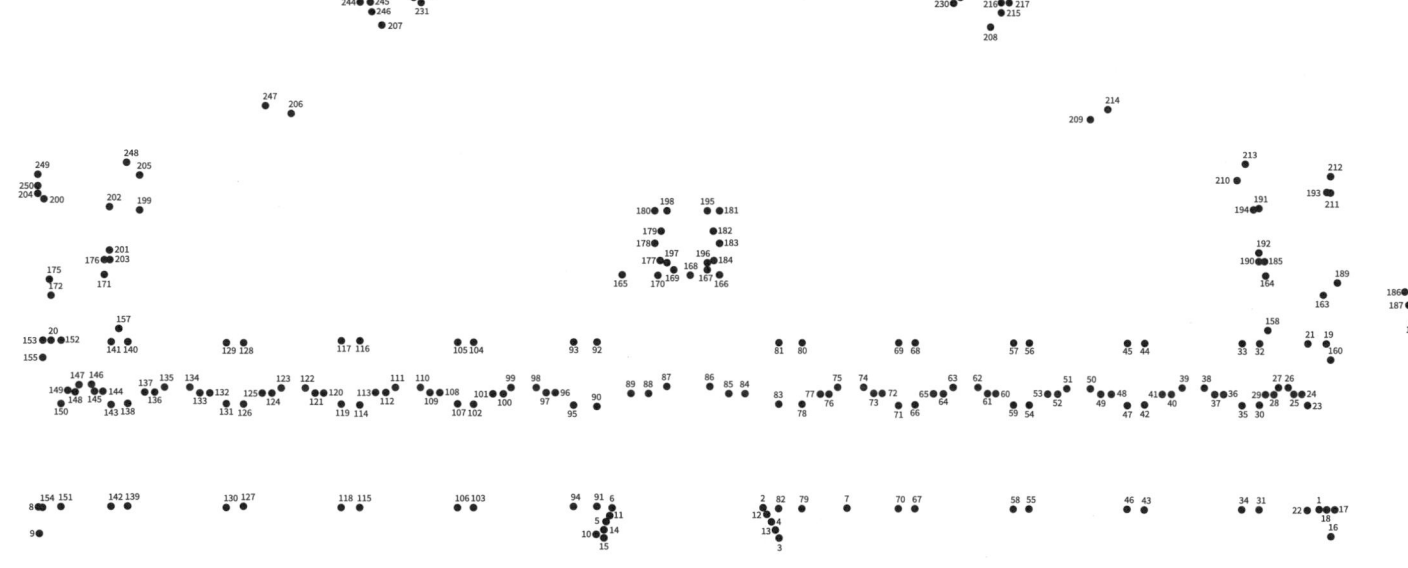

알카즈네

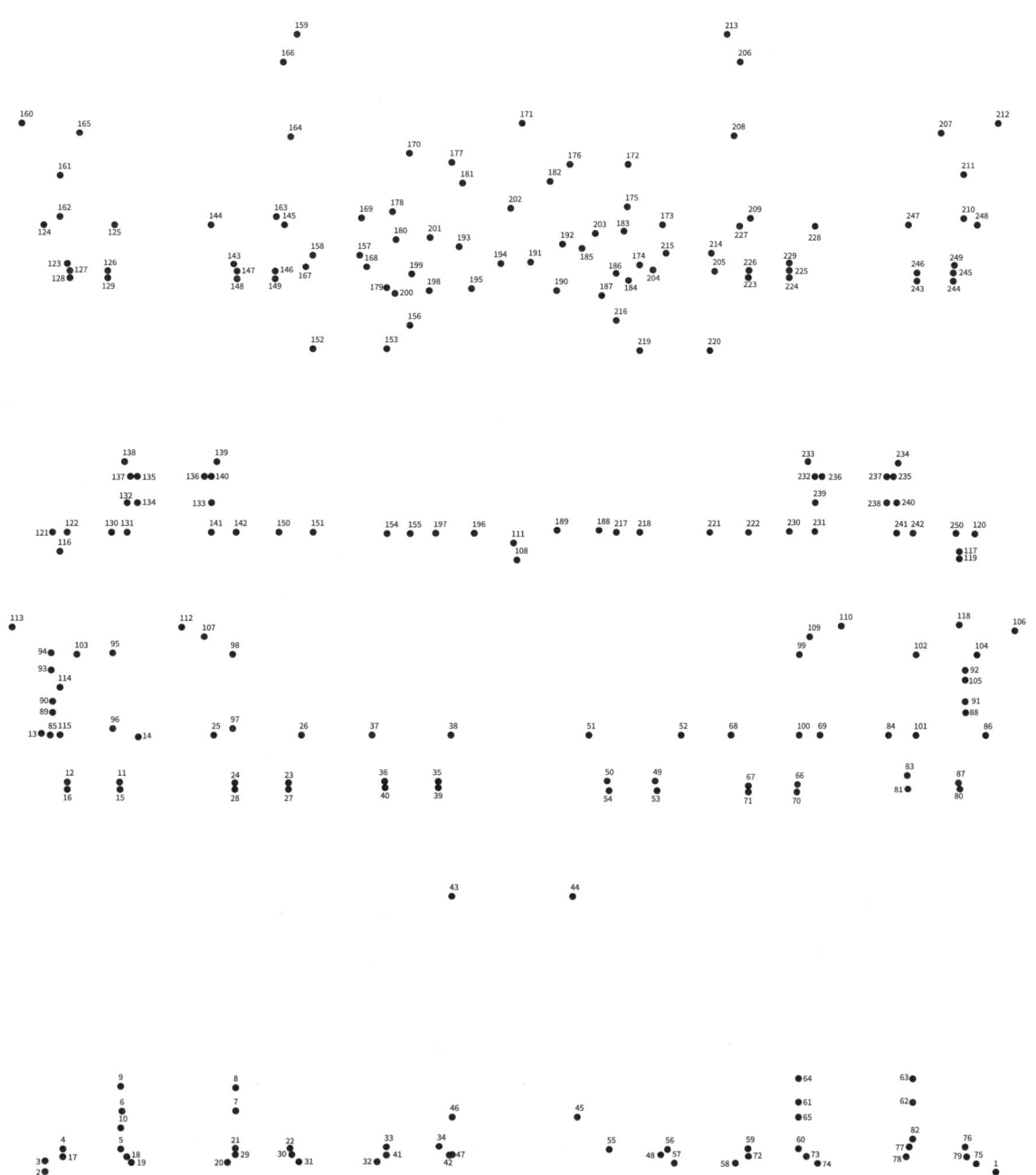

피렌체 대성당

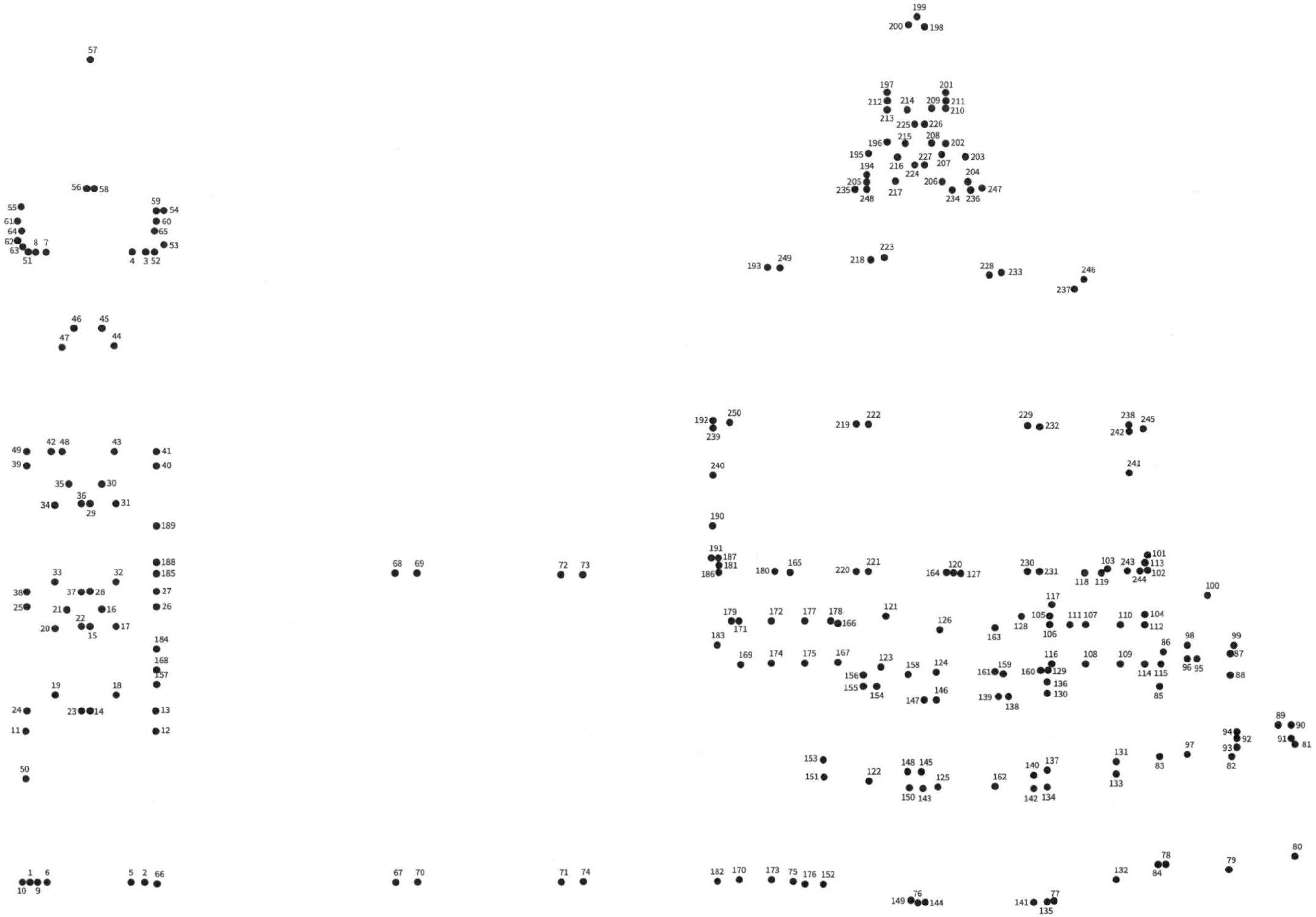

오사카 성

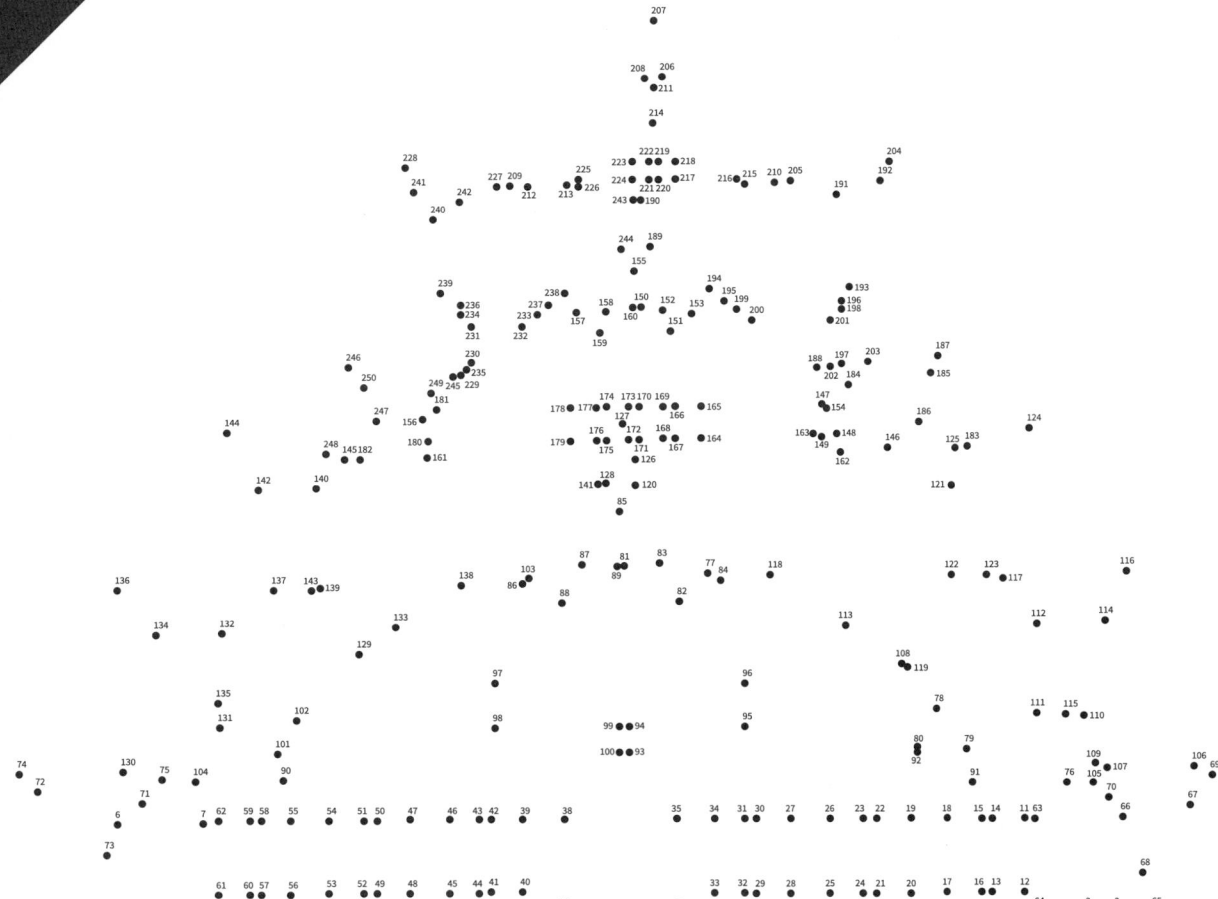

슈웨다곤 파고다

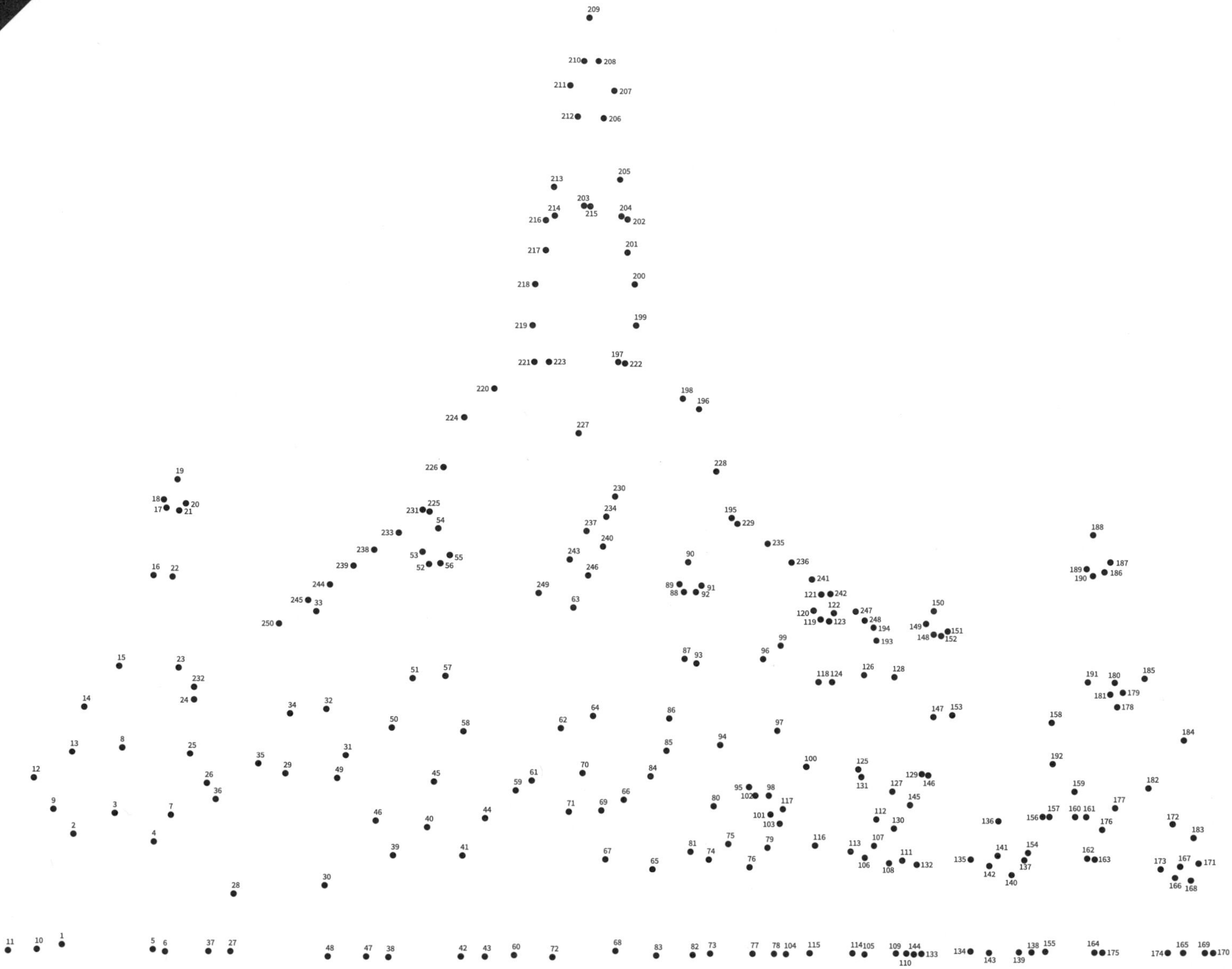

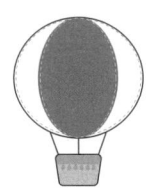

정답

1 하기아 소피아 대성당

• **위치** : 튀르키예 이스탄불 • **조성 시기** : 325년 창건 • **특징** : 비잔틴 건축을 대표하는 대성당 박물관.

2 타지마할

• **위치** : 인도 아그라 남쪽 • **조성 시기** : 1653년 완공 • **특징** : 인도의 대표적 이슬람 건축물로 궁전 형식의 묘지.

3 콜로세움

• **위치** : 이탈리아 로마 • **조성 시기** : 72년 착공. 80년 완공 • **특징** : 원형경기장으로 높이 48.5미터, 길이 188미터, 넓이 156미터다.

4 자유의 여신상

• **위치** : 미국 뉴욕 리버티섬 / 프랑스 파리 16구 • **조성 시기** : 미국 여신상은 1886년, 프랑스 여신상은 1889년 제막 • **특징** : 미국에 있는 자유의 여신상과 프랑스에 있는 자유의 여신상 크기가 서로 다르다.

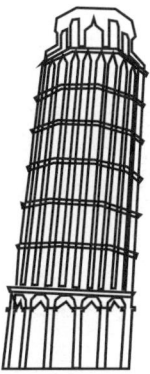

5 피사의 사탑

• **위치** : 이탈리아 피사 두오모 광장 • **조성 시기** : 1173년 착공. 1372년 완공 • **특징** : 한쪽 지반이 약해 가라앉으면서 기울기 시작해 보강공사를 해서 더 기울지 않도록 함.

6 에투알 개선문

• **위치** : 프랑스 파리 샤를 드골 광장 • **조성 시기** : 1836년 완공 • **특징** : 높이 49미터, 너비 45미터이며 신고전주의 양식으로 건축되었다.

7 모아이 석상

• 위치 : 칠레 이스터섬 • 조성 시기 : 400년부터 만들어졌을 것으로 추정 • 특징 : 제작 이유와 방법은 현재까지 정확하게 밝혀지지 않았다.

8 구세주 그리스도상

• 위치 : 브라질 리우데자네이루 • 조성 시기 : 1931년 완공 • 특징 : 양팔 사이의 길이 28미터, 높이 30미터, 받침대를 합한 높이 38미터, 무게는 약 1,145톤이다.

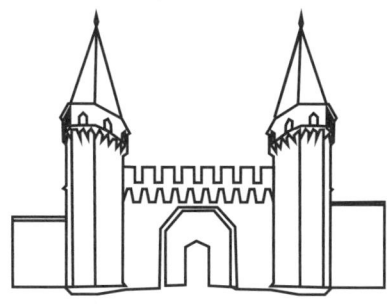

9 톱카프 궁전

• 위치 : 튀르키예 이스탄불 • 조성 시기 : 1478년 첫 완공 이후 지속적으로 계속 증축 • 특징 : 화려하지 않고 불규칙적으로 넓게 퍼져 있는 건축물의 집합한 형태. 새로운 술탄이 등극할 때마다 필요에 따라서 증축하였다.

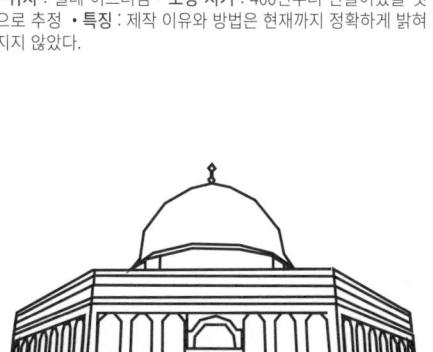

10 바위의 돔

• 위치 : 예루살렘 • 조성 시기 : 691년 완공 • 특징 : 1015년 무너져 이후 재건되었고 보수가 여러 번 진행되어 현재의 모습을 갖게 되었다.

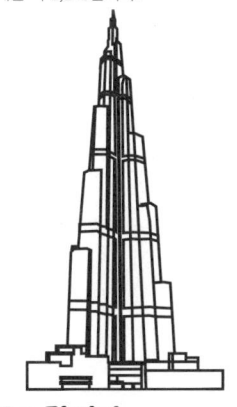

11 부르즈 칼리파

• 위치 : 아랍에미리트 두바이 • 조성 시기 : 2009년 완공 • 특징 : 2025년 현재 세계에서 가장 높은 빌딩으로 높이 828미터, 163층으로 구성되어 있다.

12 알카사르 성

• 위치 : 스페인 세고비아 • 조성 시기 : 정확한 건축 시기를 알 수 없으나 1120년 문헌에 처음 등장 • 특징 : 월드 디즈니의 백설 공주의 영감을 준 성들 가운데 하나로 잘 알려졌다.

13 스톤헨지

• 위치 : 영국 윌트셔주 솔즈베리 평원 • 조성 시기 : 기원전 1700년에서 기원전 1400년으로 추정 • 특징 : 높이 8미터, 무게 50톤에 달하는 거석 수십 개로 조성된 선사시대 거석문화 유적지.

14 노트르담 대성당

• 위치 : 프랑스 파리 • 조성 시기 : 두 탑은 1245년 완성, 대성당은 1345년 완공 • 특징 : 프랑스 고딕 건축을 대표하는 성당

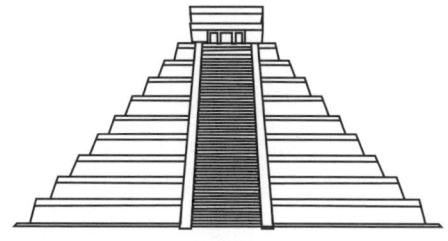

15 엘 카스티요

• 위치 : 멕시코 유카탄반도 • 조성 시기 : 8세기에서 12세기 조성 • 특징 : 치첸 이트사의 중앙에 있는 메소아메리카식 피라미드.

16 큰 바위 얼굴

• **위치** : 미국 사우스다코타주 • **조성 시기** : 1941년 완공 • **특징** : 미국의 4대 대통령의 얼굴을 새긴 조각상의 별칭이 "큰 바위 얼굴"이다. 너새니얼 호손의 소설 <큰 바위 얼굴>에 착안해 후에 지은 것으로 추정된다. 하지만 호손이 <큰 바위 얼굴> 창작 시에 참고한 자연물은 뉴햄프셔주에 있는 '산악의 노인'이라는 실제 지형으로 2003년 무너져 사라졌다.

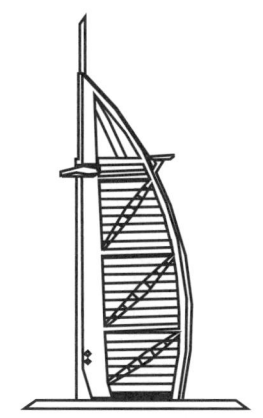

17 부르즈 알 아랍

• **위치** : 아랍에미리트 두바이 • **조성 시기** : 1999년 완공 • **특징** : 인공섬 위에 건축되었으며, 건물의 외형은 부풀어 오른 돛 모양을 형상화했다.

18 멀라이언 상

• **위치** : 싱가포르 • **조성 시기** : 1972년 처음 등장 • **특징** : 싱가포르강 입구, 에스플러네이드에 처음으로 세워졌다.

19 할리우드 사인

• **위치** : 미국 캘리포니아주 로스앤젤레스 • **조성 시기** : 1923년 야외 광고로 설치 • **특징** : 1923년에 'HOLLYWOODLAND'라는 부동산회사의 광고로 설치. 1978년 할리우드 사인 기금이 설립되어 현재 모습으로 바뀌게 되었다.

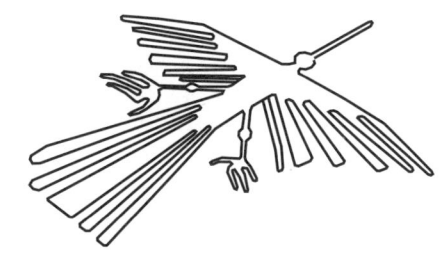

20 나스카 지상화

• **위치** : 페루 나스카와 후마나 평원 • **조성 시기** : 기원전 500년에서 기원후 500년 사이 • **특징** : 지금까지 발견된 그림은 대략 200여 개로 건조하고 바람이 거의 불지 않는 기후 때문에 천 년이 넘는 세월 동안 원형 그대로 보존될 수 있었다. 다만 그림을 그린 주체, 그림을 그린 목적이나 방법도 명확하게 밝혀진 것이 없다.

21 파르테논 신전

• **위치** : 그리스 아테네 • **조성 시기** : 기원전 438년 완공. 외장공사는 기원전 432년에 완료 • **특징** : 도리스 양식의 최고봉으로 신전의 안정된 비례와 장중함을 볼 수 있는 건축물이다.

22 브란덴부르크 문

• **위치** : 독일 베를린 • **조성 시기** : 1791년 완공 • **특징** : 초기 고전주의 양식의 개선문으로 아테네의 파르테논 신전을 많이 참고했다.

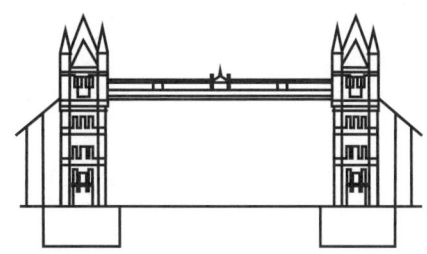

23 타워 브리지

• **위치** : 영국 런던 • **조성 시기** : 1894년 완공 • **특징** : 총길이 260미터의 도개교로 런던의 랜드마크이다.

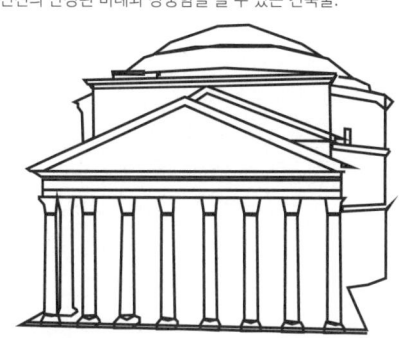

24 판테온

• **위치** : 이탈리아 로마 • **조성 시기** : 125년 완공 • **특징** : 아그리파가 기원전 27년 건립해 봉헌하였으나 대화재로 서기 80년 사라졌다가 125년 다시 세워졌다. 판테온은 "모든 신을 위한 신전"이라는 뜻이다.

25 스핑크스
- **위치** : 이집트 기자 고원 • **조성 시기** : 기원전 2500년경 추정 • **특징** : 전체 길이 70미터 높이 20미터로, 석회암으로 만들어져 있다. 스핑크스 여러 종류가 많으나 통상적으로 기자의 대 스핑크스를 통상적으로 가리킨다.

26 아부심벨 신전
- **위치** : 이집트 누비아 • **조성 시기** : 기원전 1244년 완공 • **특징** : 20미터가 넘는 좌상들과 암벽을 60미터 깊이로 파서 만든 석굴사원.

27 석굴암
- **위치** : 대한민국 경상북도 경주시 • **조성 시기** : 774년 완공 • **특징** : 화강암을 조각하여 인위적으로 건축물로 만든 인조 석굴.

28 충무공 이순신 동상
- **위치** : 대한민국 서울시 광화문 광장 • **조성 시기** : 1968년 건립 • **특징** : 대한민국 심장 광화문 광장의 상징물 중 하나다.

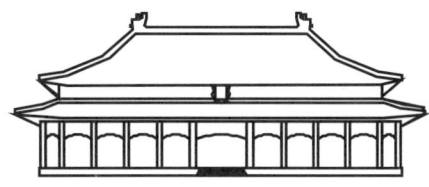
29 자금성
- **위치** : 중국 베이징 • **조성 시기** : 1420년 완공 • **특징** : 동서로 760미터, 남북으로 960미터, 21만 평이 넘는 넓이, 높이 11m, 사방 4km의 담과 건물 980채, 8,707칸의 방이 있다고 알려져 있다.

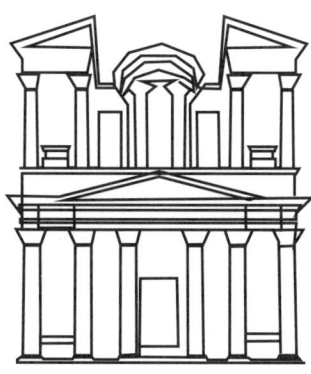
31 알카즈네
- **위치** : 요르단 페트라 • **조성 시기** : 기원전 6세기 완공 • **특징** : 요르단에 있는 고대 유적으로 암벽에 세워진 도시 '페트라'에 있는 웅대한 2층의 건물.

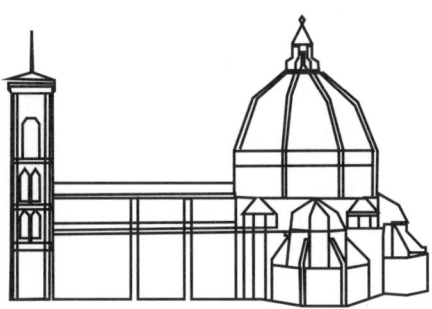
31 피렌체 대성당
- **위치** : 이탈리아 피렌체 • **조성 시기** : 1436년 완공 • **특징** : 여러 차례의 공사 중단의 위기를 이겨내며 완공되었다. 이탈리아 고딕의 전형적인 특징을 갖고 있다.

32 오사카성
- **위치** : 일본 오사카 • **조성 시기** : 1583년 완공 • **특징** : 윤곽식 평성으로 건축되었다. 5층 주탑은 58미터의 높이를 갖고 있으며 웅장함을 갖고 있다.

33 슈웨다곤 파고다
- **위치** : 미얀마 양곤 • **조성 시기** : 6세기에서 10시 사이 건축 • **특징** : 15세기 현재의 98미터 높이가 되었다. 현재 금박으로 덮여 있으며, 꼭대기에는 다이아몬드가 장식되어 있다.

한 손에 쏙 스도쿠 1
짱아찌 지음 | 148쪽 | 값 4,500원

언제 어디에서나 함께할 수 있는 크기로 되어 있는 스도쿠 책. 이동 중에도, 잠깐 짬이 날 때도, 카페에서 시간을 보낼 때도 이 책을 통해 두뇌를 깨우고 집중력과 추리력, 사고력을 기르며 알찬 시간을 만들어보자.

재미와 상식이 있는
사각사각 사각로직 vol.1
한백 지음 | 93쪽 | 값 9,500원

문제에 적힌 숫자를 보며 빈칸을 채우면 멋진 그림을 만나볼 수 있는 책. 두뇌를 풀가동하여 빈칸을 모두 채우면 성취감과 함께 집중력과 추리력, 사고력이 길러진다. 그뿐만 아니라 중간중간 문제와 관련된 이야기들로 상식까지 챙길 수 있는 이 책을 만나보자.